VOYAGE

PITTORESQUE

A L'ILE-DE-FRANCE,

AU CAP DE BONNE-ESPÉRANCE,

ET

A L'ILE DE TÉNÉRIFFE.

VOYAGE

PITTORESQUE

A L'ILE-DE-FRANCE,

AU CAP DE BONNE-ESPÉRANCE,

ET

A L'ILE DE TÉNÉRIFFE;

PAR M. J. MILBERT,

PEINTRE embarqué sur la corvette *le Géographe*, et Directeur des gravures de la partie historique du Voyage aux Terres-Australes.

ATLAS.

PARIS,

A. NEPVEU, LIBRAIRE, PASSAGE DES PANORAMAS, N° 26.

1812.

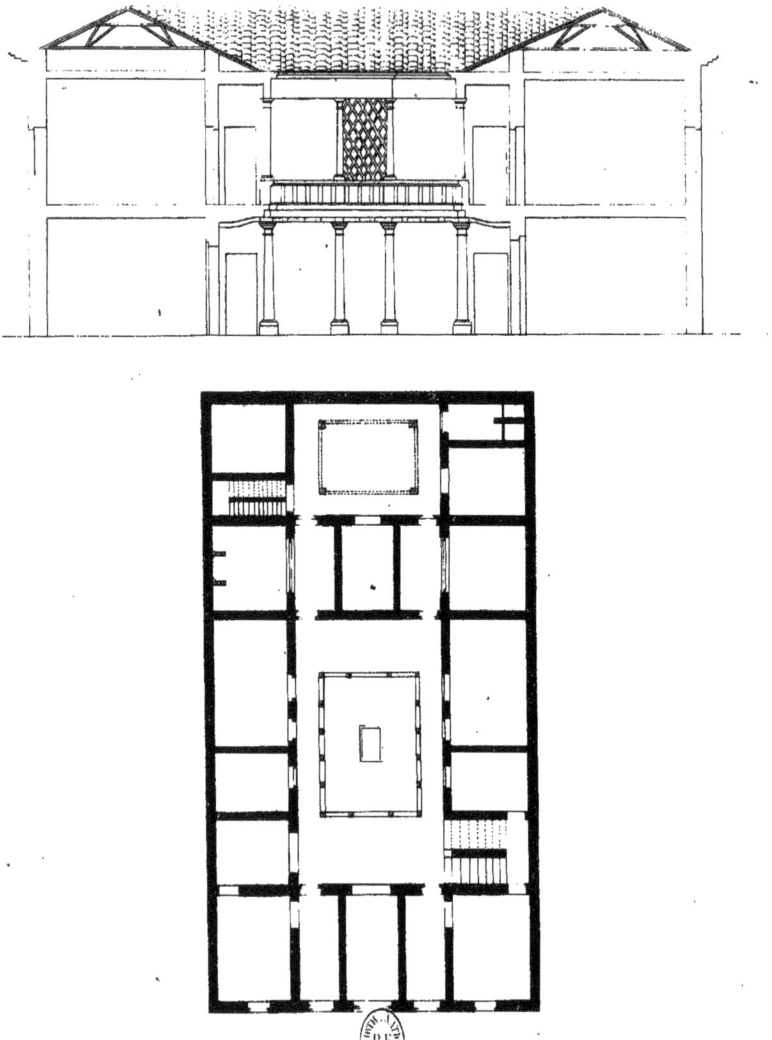

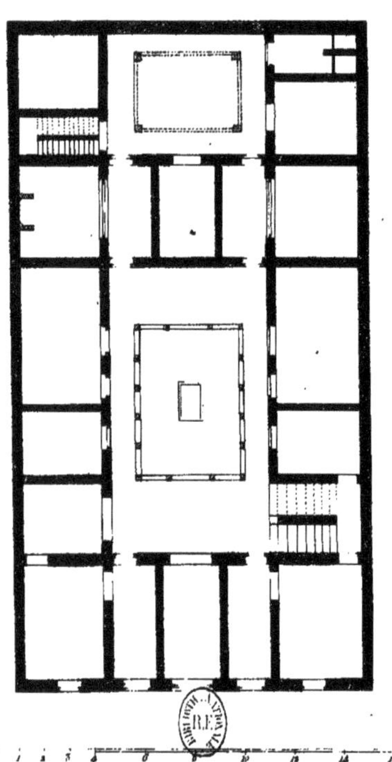

Le Brun del. 1 2 3 4 6 8 10 12 14 16 Mètres. Testard sc.

Ténériffe.

Plan et Coupe d'une Maison de la Ville de Ste Croix.

Le Brun del. Testard sculp.

Ténériffe.

5. Fontaine en lave située sur la Grande Place de la Ville de Ste Croix.

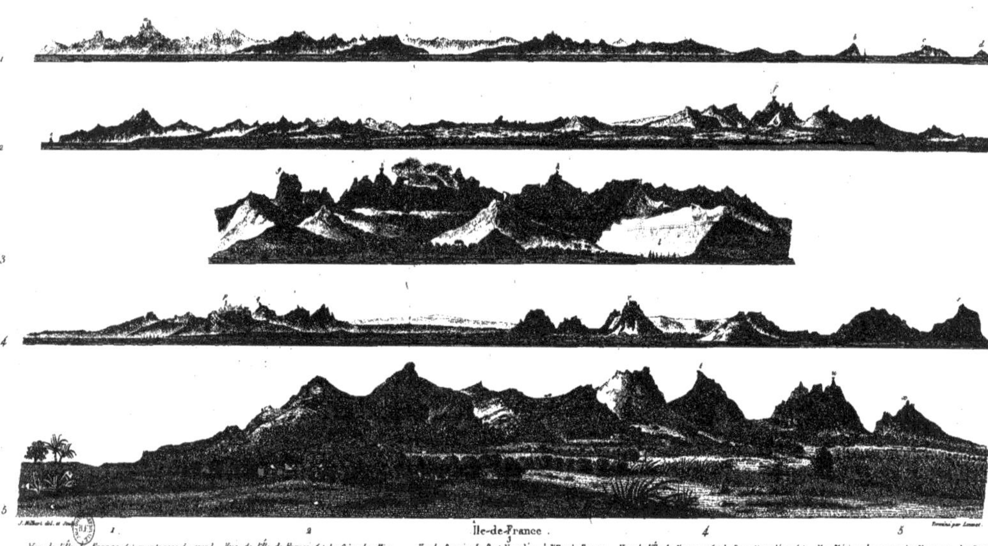

J. Milbert del. et Sculp.

Terminé par Lamot.

Île-de-France.

1\. Vue de l'Île de France, (a) montagnes du grand Port, (b) le Coin de Mire restant à l'O 10° S. à 17 milles de distance, (c) l'île Platte (d) l'île Ronde.

2\. Vue de l'Île de France, (e) le Coin de Mire, (f) Pieter Bot restant au S. 22° E. à 12 milles de distance.

3\. Vue du Bassin du Port Napoléon à l'Île de France, (g) morne des Prêtres (h) montagne longue (i) Pieter Bot (k) le Pouce (l) le Port Napoléon. (m) morne de la Découverte.

4\. Vue de l'Île de France, (n) le Port Napoléon, (o) morne de la Découverte, (p) Pieter Bot (q) le Pouce, (r) les trois Mamelles, (s) le morne Brabant restant au S. 16° E. à 13 milles de distance.

5\. Vue Physique du revers des Montagnes du Port Napoléon à l'Île de France, prise dans les Plaines Wilhems, (t) le Pouce, (u) Pieter Bot, (x) les deux Mamelles.

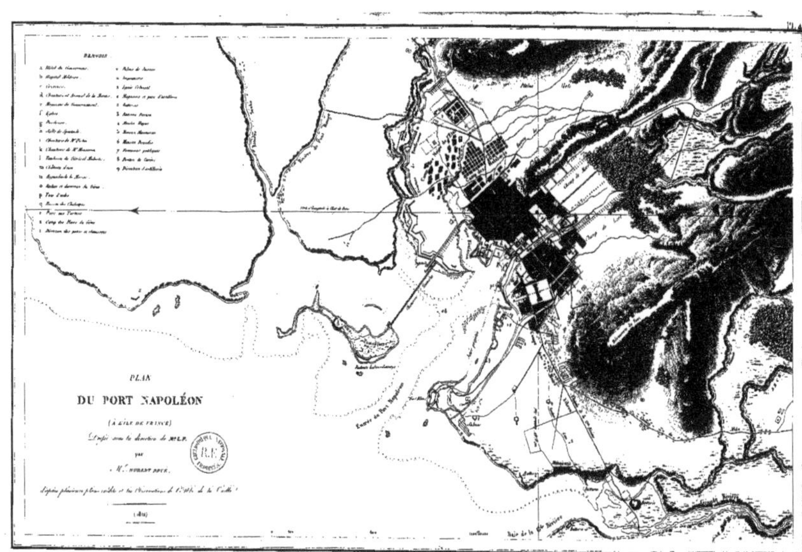
PLAN
DU PORT NAPOLÉON
(À L'ÎLE DE FRANCE)
par

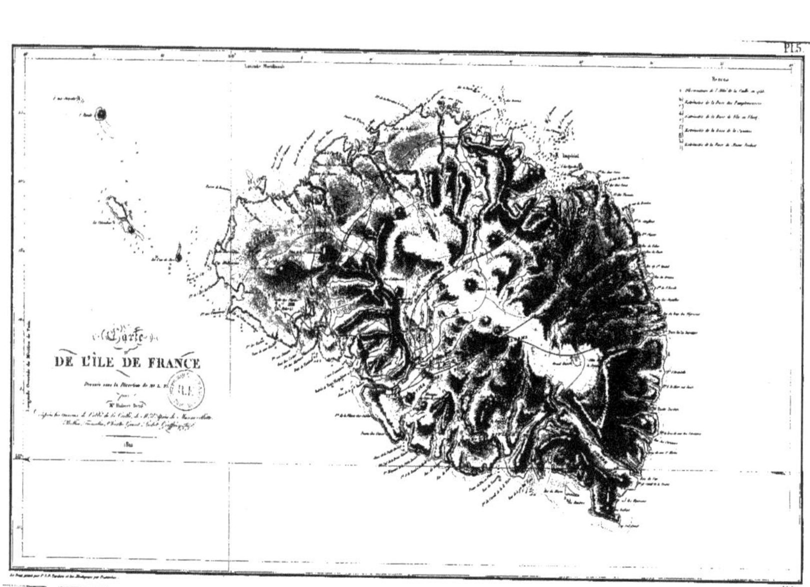
Pl.5.
Carte
DE L'ÎLE DE FRANCE

Île-de-France.

Vue du Trou d'Fanfaron, au Port Napoléon.

Île-de-France.

Porte d'entrée de la ville du Port Napoléon.

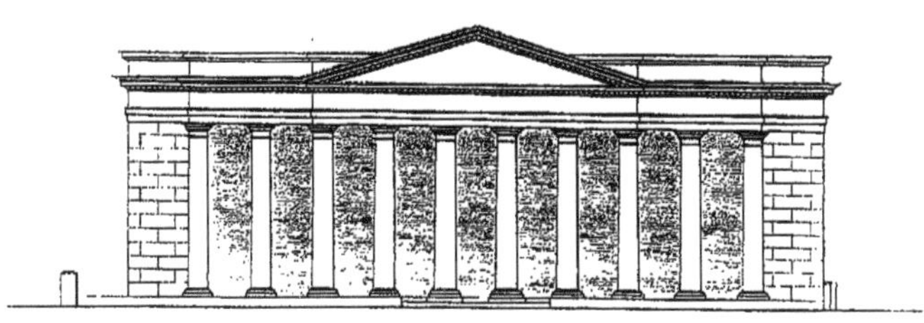

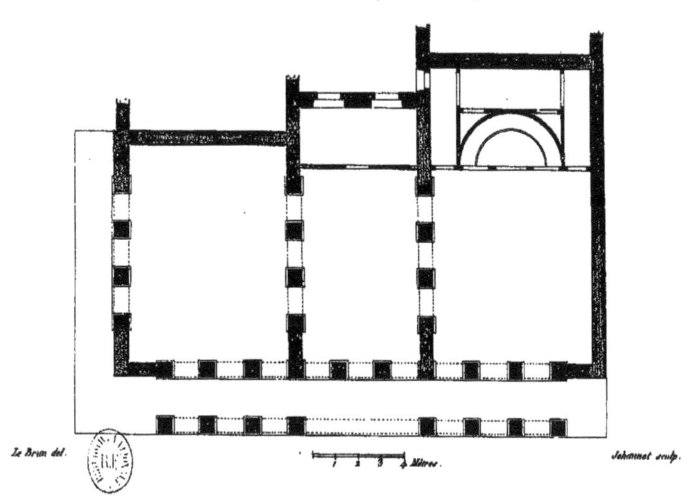

Le Brun del. Johannot sculp.

Île-de-France.

Élévation et Plan de la Bourse de la Ville du Port-Napoléon.

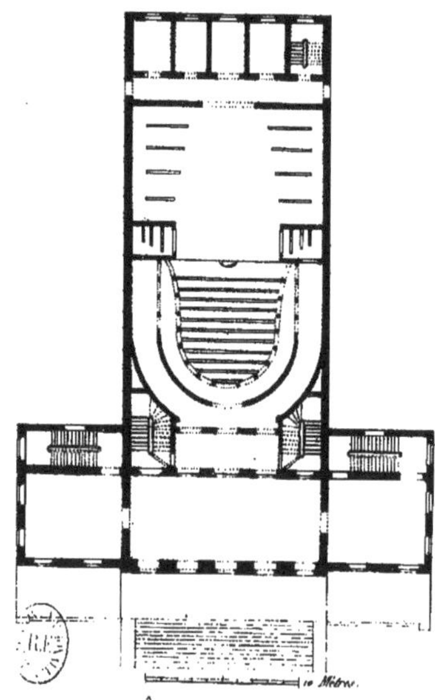

Le Breux del.

Tardieu sc.

Île-de-France.

Élévation et Plan de la Salle de Spectacle de la ville du Port Napoléon.

J. Milbert del. et sc. — terminé par Bardoux (?)

Île-de-France.

Pont qui sépare le Champ-de-Mars du Champ-de-l'Ort.

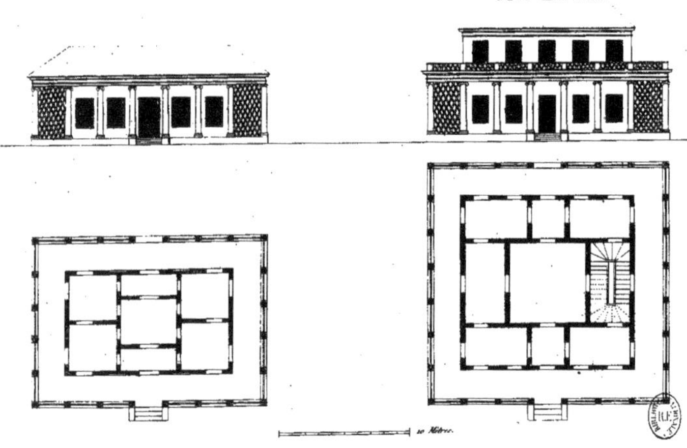

Le Brun del. Ile-de-France. Testard sc.

Élévations et Plans de Maisons de la Ville du Port Napoléon.

J. Milbert del. et sculp.

Île-de-France.

Vue de la Montagne du Pouce et d'un défriché.

13.

Île-de-France.

Vue des Plaines de Wilhems, prise à la base de la Montagne du Pouce.

J. Milbert del. et sculp.

Île-de-France.

Vue prise dans les Bois de la Montagne du Pouce.

Île-de-France.

Vue de l'habitation de M.r C. au bas de la rempe de Moka.

16.

J. Milbert del. et

Terminé par Cassard.

Île-de-France.

Vue des Bambous de la Rivière des Amans.

J. Milbert del. et sc. Terminé par Gardan.

Île-de-France.

Vue de la Grande Cascade du Réduit.

J. Milbert del. et sculp.

Ile-de-France.

Vue des Cascades de la Rivière du Ménil.

Île-de-France.

Vue prise dans l'intérieur des forêts.

20.

Ile-de-France.

Vue de l'Habitation de M.r Roussel.

21

J. Milbert del. Perdoux sculp.

Île-de-France.

Aqueduc de la Grande Rivière du Port Napoléon.

22.

J. Milbert del. et sc.

Terminé par Louvet.

Île-de-France.

Pont de la Grande Rivière du Port Napoléon.

23.

J. Milbert del. et sculp.

Terminé par Louvet.

Île-de-France.

Grande Rivière et Montagne du Corps de Garde.

Île-de-France.

Vue sur la Montagne des Calbasses.

25.

J. Milbert del. et sculp.

Île-de-France.

Vue de la Montagne de Pieter Bot et d'une Sucrerie.

Île de France.

Eglise des Pamplemousses.

J. Milbert del. et sc. Terminé par Gardone.

Île-de-France

Vue du Jardin des Pamplemousses.

J. Milbert del. et sc.

Terminé par Perdoux.

Île-de-France.

Vue de l'habitation de Mr. Céré aux Pamplemousses.

29

J. Milbert del. et . . . . sculpt. Terminé par Pillement.

Île-de-France.

Vue de la Montagne de Pieter Bot.

30

J. Milbert del. et sc. Terminé par Hill.

Île-de-France.

Vue du Grand Chemin des Pamplemousses.

J. Milbert del. et sc.

terminé par Bovinet.

Île-de-France.

Vue d'un côté des Trois Mamelles.

Île-de-France

Vue Générale des Trois Mamelles.

J. Milbert del. Fortier et Malb. sc.

Île-de-France.

Cascade du Tamarin.

J. Milbert del. — Gravé par Pardoux.

Île-de-France.

Environ de l'habitation de M.me Querivel.

J. Milbert del. et sc. — terminé par Lambert.

Île-de-France.

Habitation de M.me Querivel.

36.

Île-de-France.

Moulin d'Ayot dans l'enfoncement de la Montagne du Pouce.

J. Milbert del. et sc. | Terminé par Pardoux.

Île-de-France.

Eglise du Port Napoléon.

Pl. 38.

Ile-de-France.

Vue de la ville du Port Napoléon prise de la Montagne du Pouce

Pl. 59.

Île de France.

Vue de la Ville du Port Napoléon, prise du fort Blanc

J. Milbert del. et sc. — Terminé par Dupin.

Île-de-France.

Case de Nègre Gardien.

Île-de-France.

Bassin de la Rivière du rendez-vous des Chasseurs.

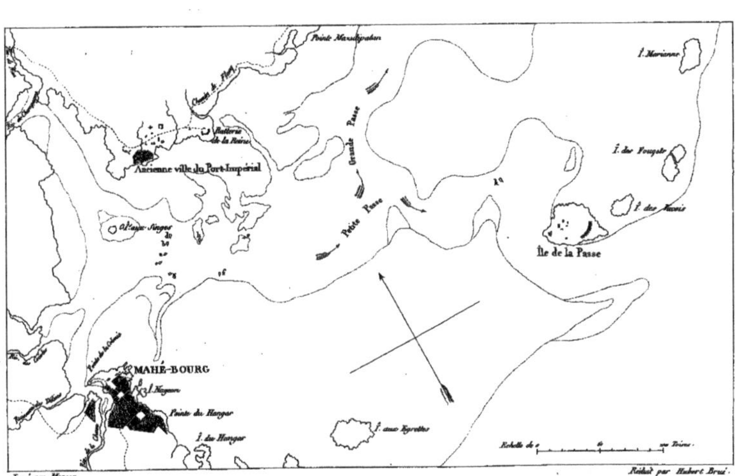

Levé par Marçon — Réduit par Hubert Brué.

Vue d'une partie du PORT IMPÉRIAL à l'Ile-de-France.

sur lequel on a marqué la position des Frégates Françaises et Anglaises pendant le Combat mémorable du 23 Août 1810.

Voyez le Voyage Pittoresque Tom. II. page 30 et le Moniteur du 18 Décembre 1810.

— Bâtimens Français —

- a *La Frégate* la Belloune *Cap.*[e] Dupéré *Commandant*
- b *La Frégate* la Minerve *Cap.*[e] Bouvet
- c *La Corvette* le Victor *Cap.*[e] Maurice.
- d *Le Navire de Compagnie* le Ceylan *prise Anglaise*.

— Bâtimens Anglais —

- e *La Frégate* le Syrius *Cap.*[e] Pym *Commandant*.
- f *La Frégate* l'Iphigénie *Cap.*[e] Lambert
- g *La Frégate* la Néréide *Cap.*[e] Wilhoughby
- h *La Frégate* la Magicienne *Cap.*[e] Curtis
- k *La Frégate* l'Iphigénie 2me *position*.

42.

Dessiné et gravé par Le Gouaz d'après l'Esquisse de Mr Marçon.

VUE DU COMBAT DE L'ÎLE DE LA PASSE.

pendant la Journée du 23 Août 1810.

Cap de Bonne-Espérance.

(Vue de la Montagne de la Table.)

Le Brun del. Tirhard sculp.

Cap de Bonne-Espérance.

Élévation et Plan d'une Maison de la Ville.

J. Milbert del.

Cap de Bonne-Espérance.

Habitation de M.rs Kloëet à Constance.

www.ingramcontent.com/pod-product-compliance
Ingram Content Group UK Ltd.
Pitfield, Milton Keynes, MK11 3LW, UK
UKHW021129230726
13926UKWH00002B/691